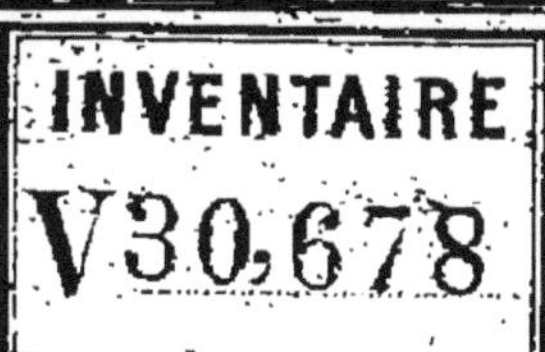

DES

CONCERTANS

Par une vieille Contrebasse

L'ARMÉE

DES

CONCERTANS,

REVUE PARISIENNE

DE

DEUX CENTS ARTISTES.

ANNUAIRE MUSICAL

CRITICO-STATISTIQUE

DE 1842,

Par une vieille Contrebasse.

Le monde c'est l'harmonie.
(IRONIE.)

A Rossini

Vous êtes le véritable Napoléon de la paix.

Vous surgissiez à l'horizon lorsque l'autre y descendait, astre du plaisir qui avez remplacé l'astre de la gloire!

Et maintenant, qui vous remplace ?

Hélas! la critique qui babille après que le génie a chanté.

Le plus enthousiaste de vos admirateurs,

LA VIEILLE CONTREDASSE.

PRÉLUDE.

L'armée que nous allons voir défiler devant nous n'est qu'un corps détaché de la grande armée de toutes armes que la paix renforce chaque année, sans que des batailles meurtrières viennent de temps en temps la décimer.

L'art, l'art à satiété, voilà le produit, la superfétation de notre époque.

Aux économistes, aux hommes d'état l'examen de ce reflux continuel vers le haut de l'échelle sociale, à eux les résultats de l'affluence vers les occupations parasites, de la désertion des travaux, qui seuls alimentent les populations et les préservent des secousses et des calamités.

Ceux qui considèrent la paix comme un bienfait dont la durée ne saurait être achetée par trop de sacrifices, ont pris sans doute l'engagement implicite de ne jamais reculer devant ces flots artistiques qui grossissent à toute heure; ils prêteront indéfiniment et sans réserve une main secourable et protectrice à cette nombreuse progéniture de l'art, déjà occupée à faire taire ses ennuis pendant le jour, afin d'apprêter un peu de gaîté pour le soir.

Mais je me prends à penser, et penser mène toujours à tristesse, *Sorrow is knowledge*, le chagrin c'est la science, a dit le poète. Ne pensons donc plus et laissons nous aller aux agréables souvenirs que cette armée d'Euterpe, comme dirait un classique, que cette armée de la paix, comme nous disons, va nous rappeler à l'esprit.

D'ailleurs, et qui oserait y contredire, notre époque est magnifique, notre époque est encourageante. La critique pleine de zèle ne poursuit d'autre but que l'exaltation de l'art, l'artiste et le mécène forment partout un touchant parallélisme; les femmes mettent à prix de gloire la moindre de leurs faveurs, notre époque est parfaitement glorieuse, et il n'y a plus qu'à entonner *Hosanna!* à l'abbé de Saint-Pierre, ce pape dont l'église est desservie par les artistes.

Nous sommes en pleine paix.

Et que faire en pleine paix, à moins qu'on ne chante ou qu'on ne joue!

Aussi, oyez comme on chante et comme on joue !

J'eus cet hiver la patience de recueillir au passage toutes ces voix et tous ces sons, et me suis aujourd'hui donné un petit compte-rendu d'appréciation et de statistique qui pourrait être renouvelé chaque année partiellement, par voie d'altération et d'addition.

J'ai voulu présenter par ordre alphabétique une énumération des artistes exécutans à Paris, qui ont paru cet hiver à l'horizon du concert et de la soirée, me renfermant dans le nombre de 200 pour mieux concréter mon travail, et comprenant dans ce calendrier les artistes des trois théâtres lyriques de Paris, en tant que tributaires de ces concerts et de ces soirées.

Quant aux commentaires qui viennent à la suite de chaque nom d'artiste, ainsi que le bonhomme Montaigne, je dirai que je les donne, non comme *bons*, mais comme *miens*, *sine ira et studio*, et comme un travail qui s'est, pour ainsi dire, fait tout seul dans ma tête.

Je publie le résultat de mes observations, non par prétention de réformer des défauts qui, après tout, ne me demandent aucune réforme, non pas par prétention de jeter dans le public des jugements-oracles, mais parce qu'il me plaît de voir quel accueil peuvent encore trouver aujourd'hui des opinions dépouillées de toute autorité magistrale, n'ayant que leur valeur intrinsèque et ne se présentant que sous la simple parure de la bonne foi et de l'indépendance.

LA VIEILLE CONTREBASSE.

EXPLICATION DES ABRÉVIATIONS.

All. . . . . *Allemand.*
An. . . . . *Anglais.*
B. . . . . *Belge.*
E. . . . . *Espagnol.*
F. . . . . *Français.*
H. . . . . *Hollandais.*
Ir. . . . . *Irlandais.*
It. . . . . *Italien.*
Pol. . . . . *Polonais.*
Suéd. . . . . *Suédois.*

A.

Albertazzi (Mme) [An.], *Contralto* aux Italiens. Voilà bien du temps qu'on nous stéréotype la *froideur correcte* de Mme Albertazzi. Cependant M. Dormoy ne s'en dessaisit nullement et le public des Bouffes ne trouve rien à redire à cette ténacité. Après tout, Mme Albertazzi possède un organe qui a un charme infini dans la partie basse du registre, et les beaux grands concerts qu'elle donne chaque année ne manquent jamais de la mettre en évidence, entourée des meilleurs artistes et applaudie par un public d'élite.

Alessi (Mlle) [It.], *Contralto.* Organe empreint de force dramatique; style et couleur heureusement alliés en portion congrue. Quand on l'entend au salon, on déplore l'interdiction qui pèse sur les contralti au théâtre.

Abadie (Louis) [F.], *Baryton.* Il est très

applaudi au salon. C'est en outre un compositeur agréable, témoin sa récente mélodie de *Mai-Rose*, dédiée à Mme la comtesse Trogoff.

Achard [F.], Premier prix du Conservatoire, acteur au théâtre du Palais-Royal. Ex-chanteur de romances qui est passé avec rapidité du genre pastoral au genre grivois, ainsi qu'une jeune pensionnaire qui tomberait en mauvais lieu et y ferait encore parler d'elle.

Alard [F.], *Violoniste* du plus grand mérite. Il opère parmi les jeunes violonistes une réaction vers le style large et grandiose de cette ancienne école italienne qui a fourni les Corelli, les Viotti, les Pugnani, les Fiorillo, et qui semble morte en Italie, morte à ne plus renaître.

Alary [It.]. Il occupe aujourd'hui le siége de Rossini et de Marliani, il a la direction du chant au premier salon musical de Paris, et à cette place il ne laisse regretter personne. Ses autres titres de musicien sont de moindre importance.

Alizard [F.]. Ce nom frappe l'esprit

comme un ingrédient du sabat. Ce n'est pourtant qu'une belle et bonne voix de *Basse-taille* attachée à l'Opéra. Le ténor Tachinardi, père de Mme Persiani, qui ne primait pas par la beauté, disait un jour à cet impitoyable public de Paris : Je suis venu pour me faire entendre et non pour me faire voir.

Amat (Léopold) [F.], bon chanteur, meilleur compositeur. Il dit sa fraîche mélodie du *Lys* et du *Papillon* (paroles de M. Th. Séguret) avec une grâce et une délicatesse exquises.

Andral [F.], chanteur et compositeur de romances. Bordelais professant le chant à Paris depuis quinze ans, ce qui est une sanction de talent.

Armingaud [F.], *Violoniste.* Genre léger, agréable; il a de l'expression.

Arnaud (Hippolyte) [F.], *Ténor* facile, professeur de chant, compositeur d'agréables bluettes.

B.

Balfe (Mme Roser Lina) [All.]. Elle

possède une voix de *Soprano* d'une belle étendue. Elle a long-temps chanté sur les meilleurs théâtres d'Italie, et toujours sagement.

Baptiste Quiney (Mme), plus que jamais *Contralto.* En faisant allusion à son talent actuel, elle se dit sans doute que du naufrage d'une belle fortune il reste toujours quelque chose, et elle persiste.

Beltz (Mlle) [F.], *Harpiste.* Elle captive par la grâce plutôt qu'elle ne subjugue par la force. Elle est tout-à-fait maîtresse de l'instrument davidique le plus poétique à l'œil et le plus prestigieux à l'oreille.

Boulanger-Künze (Mme) [F]. Elle dit fort bien ce genre de musique qui est dans les proportions du salon, la romance, idylle qui vaut souvent le grand morceau, ainsi qu'un bon sonnet tout un poëme.

Balfe [Ir.], *Baryton.* Chanteur et compositeur irlandais, compliqué d'italien superposé d'allemand. Cela fait une manifestation artistique émoussée d'originalité, mais pleine de désinvolture et de goût. Nous lui conseillons de se méfier de son versificateur italien de Londres; des vers qui manquent de nombre doivent être un écueil pour le meilleur compositeur.

Baroilhet [F.], *Basse-taille* à l'Académie Royale. Une grande intelligence, des études consciencieuses, un travail persévérant peuvent faire un sujet de premier ordre d'un chanteur que la nature n'aurait pas traité en enfant gâté. En Italie, on dit: Oh! la belle voix! En France: Oh! le beau chanteur! Quelle est la formule d'éloge la plus complète?

Batta (Alexandre) [B.]. L'empire de la basse est partagé entre Batta et Servais, tous les deux Belges. J'ai remarqué que ceux qui sont princes de leur instrument sont presque toujours des grands mélodistes.

Batta. (Laurent) [B.], *Pianiste.* Les familles riches peuvent avoir des cadets, mais elles ont rarement des pauvres.

Bernardin [F.], *Violoniste.* Petit prodige qui l'a été fort long-temps. Il fait espérer que son développement précoce n'empêchera pas la maturité de son talent.

Boulanger-Künze [F.], chanteur de romances, compositeur.

Les jumeaux Siamois ne sont pas plus adhérants que le couple Boulanger sur les programmes des concerts. A lui la romance qui soupire, à elle et à lui le nocturne qui délire. Ils marchent dignement ensemble avec la pleine conscience de leur valeur respective.

C.

Carobbi-Graziani (Mme) [It.], ci-devant premier *Contralto assoluto* des principaux théâtres d'Italie. Pourquoi l'Italie a-t-elle mis en disponibilité ses contralti? Pourquoi se priver de ces belles voix qui sont aux soprani ce que le violoncelle est au violon ?

Campagnoli [It.], *Basse-taille* comique au Théâtre-Italien. Sa voix est pleine et abondante, sa verve ne l'est pas.

Camus [F.], première flûte au Théâtre-

Italien, c'est-à-dire au second orchestre du monde.

Casa (Della) [It.], bon accompagnateur, savant professeur.

Cavallini [It.], *Clarinettiste.* A peine arrivé d'Italie, la salle Herz l'a relancé tout meurtri de sa candide croyance au pouvoir d'un beau programme et d'une clarinette, fût-elle de six pieds, pour sommer le Parisien. Sans une puissante intervention moscovite, M. Cavallini eût trouvé Paris et les Parisiens bien médiocres.

Celli (Baron) [It,], *Accompagnateur*, professeur de chant distingué. Compositeur bien famé en Italie.

Cellier [B.], *Violoniste* de l'école de Haumann. Bon quartettiste.

Chaudesaigues [F.], diseur spirituel. C'est une de ces figures qui mettent un auditoire de bonne humeur, un de ces chanteurs qu'on applaudit avant d'entendre.

Chevillard [F.], *Violoncelliste*, l'accolyte le plus fidèle d'Alard. Il chante mieux qu'il ne joue, sur son instrument bien entendu.

Chopin [Pol.], brillant *Pianiste*, compositeur plein de hardiesse et de distinction, membre de ce quadrumvirat non défini dont Mme Sand, Litz et Batta étaient les membres complémentaires. Le jeu de Chopin est toujours le type de la grâce capricieuse, de la finesse et de l'originalité, a dit le critique musical des *Débats*.

Clémenceau [F.], chanteur et compositeur de romances. Il lutte d'une manière victorieuse avec un organe rebelle et parvient à produire beaucoup d'effet par un débit intelligent et passionné.

Cohen [F.], accompagnateur recherché, compositeur distingué, chanteur de salon estimé.

Cossmann [All.], *Violoncelliste*. L'éclat de son jeu et la beauté de son qu'il tire de son instrument en font un artiste des plus recommandables.

Coste [F.], *Guitariste* qui parvient à plaire autre part que sous un balcon enveloppé d'un manteau et à la belle étoile.

D.

Danela (Mlle Laure) [F.], jeune et charmante *Pianiste* qui s'est fait applaudir aux concerts de la société philharmonique.

Dabedhelle (Mlle) [Esp.], *Contralto.* Moins de pétulence et de débordement méridional, un débit plus contenu et plus sobre, un Italien un peu moins Ibérique laisseraient plus de valeur au bel organe de cette cantatrice. Au point optique de la scène, ces défauts peuvent s'amoindrir, mais au salon ils choquent et déparent.

Darcier (Mlle) [F.], *Soprano* à l'Opéra-Comique. Excellente dans son jeu, agréable dans son chant.

Delavergne (Mlle) [F.], très bonne *Pianiste*, comme il y en a tant.

Descots (Mlle) [F.], *Soprano* à l'Opéra-Comique. Agréable personne à voir et à entendre.

Dedley (Mlle) [F.], *Soprano.* Elle chante aussi bien l'italien que la romance.

Dobrée (Mlle) [F.], *Soprano* à l'Opéra. Jouant les pages avec beaucoup de grâce, au salon chantant juste et avec beaucoup de facilité.

Dorus-Gras (Mme) [F.], *Soprano* à l'Académie Royale. Voix veloutée et pleine de grâce. Sa vocalisation, mais non pas sa déclamation, est aussi ductile que celle de Mme Damoreau.

Drouart (Mlle) [F.], *Soprano*. Elle ne gâte pas l'Italien, mais elle dit fort bien la romance. Elle y met de la chaleur et de l'expression, et ces qualités peuvent suffire à ce genre.

Dufflot-Maillard (Mme) [F.]. La voix de *Soprano* qu'elle est parvenue à se donner ne manque ni de timbre, ni d'expression. Elle a su faire valoir ces qualités sur les théâtres d'Italie.

Duport (Mlle Lia) [F.], *Soprano*. Ses moyens, comme cantatrice, sont des plus distingués. Elle a une vocalisation flexible, un style pur, une sensibilité exquise. Les belles organisations complètées par l'étude sont rares et précieuses.

Dancla (Charles) l'aîné [F.]. *Violoniste* éminent, compositeur à la forme claire et arrêtée.

Dancla (Léopold) [F.], *Violoniste.* Une brillante audace et une justesse de sons irréprochable président à l'exécution de ces deux frères violonistes.

De Courcelles (F.). *Pianiste* habile, compositeur agréable, accompagnateur recherché.

Dejazet [F.], *Pianiste,* accompagnateur *vires aquirit eundo.*

Dorus [F.). La première flûte de France, depuis que Tulou a refusé de passer par la flûte de Boëhm.

Dubois [F.], *Violoniste.* Il est de l'école d'Artot et tire des beaux effets mélodiques de son instrument.

Dupont (Alexis [F.]. Cette figure haute en couleur, cet œil mystiquement voilé, marquent une sensibilité sage et profonde. Cette disposition, jointe à une voix d'un timbre sympathique, à un débit onctueux et sans emphase, font d'Alexis Dupont le chanteur d'église le plus remarquable qui ait jamais paru depuis long-temps. Il a de la théosophie dans la voix.

Duprez [F.], *Ténor* à l'Académie Royale. La France possédait un grand tragédien pour ténor. Un jour elle a voulu d'un grand ténor pour tragédien, et les succès de Duprez, en Italie, furent continués, amplifiés en France. C'était après tout un affaire de goût. Quand le talent plane à une certaine hauteur il n'y a plus que cette affaire-là pour le public, et s'il se montre cruel dans ses préférences on ne peut pas dire qu'il soit absurde.

Dieu sait comment Duprez nous reviendra de Londres, après avoir chanté *en anglais*.

E.

Elian (Mlle Barthélemy) [F.], *Soprano* à l'Opéra. Au salon elle a de la vocalisation et du goût, à la scène elle ne gâte pas ses rôles.

Evers [All.], *Pianiste* de talent. Il pêche par absence de grâce.

F.

Farenc (Mme) [F.], *Pianiste* et professeur.

Farenc (Mlle) [F.], *Pianiste*, élève de sa mère. Ces deux dames ont dernièrement reçu des beaux témoignages d'estime de madame la duchesse d'Orléans, qui les a fait jouer à une de ses soirées.

Flamand (Mlle) [F.], *Soprano*, 1er prix du Conservatoire. Elle figure avec succès dans les festivals de M. F. Prévot.

Fitz-James (Mlle) [F.], *Demi Soprano*. Cette ambitieuse Therpsicore ne se contentait pas du royaume de la danse, elle vient d'envahir celui du chant. Après tout, Mlle Fitz-James ne saurait faire un faux-pas; elle a très-bien chanté au concert de M. Loiseau, chef d'orchestre de l'Athénée.

Fleury (Emile) [F.], *Ténor* à l'Opéra-Comique. Il a su tirer de sa voix tout le parti possible. Il phrase avec goût.

Franchomme [B.], *Violoncelliste* de haut mérite. Il est au violoncelle ce que Bériot est au violon; par la pureté et la correction de son jeu il atteint à l'inspiration.

Franck (César-Auguste) [B.], *Pianiste*. Son jeu est grand et résolu. Niez l'influence des noms.

Franco-Mendez (H.), *Violoncelliste* hollandais. Il fait chanter son instrument jusqu'à émouvoir ses compatriotes. Ce n'est pas peu dire.

G.

Galvani (Mlle) [It.]. Une belle voix de contralto qui se destine à la scène.

Garaudé-Zélie [F.], *Soprano*, élève

de son mari. Cette dame a une assez belle voix, une méthode un peu scolastique et une prononciation italienne un peu défectueuse.

Garcia (Mme Pauline-Viardot) [E.], *Soprano.* La voix sonore et pénétrante de sa sœur Malibran, moins le drame qui ne bouillonne pas encore dans sa poitrine. Ceux qui demandent avant tout le charme de la voix et toutes les ressources du chant trouveront Mme Viardot la chanteuse par excellence.

Garcia (Mme Vestris) [E.], *Pianiste.* Il faut que l'Espagne ait été bien bouleversée si elle va jusqu'à nous envoyer des pianistes.

Cook (Mme Giorgi) [It.], *Soprano.* Un prince, dit-on, ne saurait mal jouer du violon, pour peu qu'il en joue. Une jolie femme ne saurait mal chanter, pour peu qu'elle *en* chante.

Giron *de Buzaraingue* (Mme) [F.], *Pianiste.* Apollon, de moitié avec Esculape, ont inauguré les matinées qu'elle donne et qui sont fort en vogue. Si la musique y produit des spasmes et la foule des évanouissements, le médecin est là pour y porter remède. Consultations gratuites.

Gordon [F.] *Contralto.* Mme Brault du Puy, elle fit parler toute l'Italie de sa beauté et de son chant; Mme Gordon, elle fit parler toute la France de sa beauté et de son procès politique. Assurément ce n'est pas une femme ordinaire que celle dont le public s'occupe à toutes les phases de son existence versatile.

Grisi (Mme Giulia) [It.], *Prima Donna* aux Italiens, par antonomase *la Diva.* Elle règne et gouverne sur cette scène où les Pasta et les Malibran nous ont montré les plus beaux modèles lyriques du drame moderne italien. Sans vouloir rien rabattre du mérite de la *Diva*, on peut cependant se laisser dire qu'entre elle et ses illustres devancières il y a la différence du génie au savoir-faire.

Grisi (Mlle Ernesta), *Mezzo-Soprano*, cousine de *la Diva.* Une petite supercherie que les artistes se permettent envers le public en arrangeant un programme, moyennant la presque invisibilité de l'intiale E.

Gallay [F.]. Le premier *Cor* de France.

Ses nombreuses compositions prouvent les ressources de cet instrument aux ondes fortifiantes, qui se marie si bien à la voix et au piano.

Gattermann [All.], *Flûtiste.* Il a un jeu agréable, mais qui demande plus de vigueur.

Gareau (Adrien) [F.], *Violoncelliste* d'un grand mérite.

Géraldy (Just) [F.], *Baryton* au style éclectique, fusion d'italien et de français, comme son nom. En revenant de sa courte apparition sur un théâtre d'Italie, il a commencé ses triomphes en France. Le Capitole n'est-il pas tout près de la roche Tarpéïenne? Après tout il ne s'agit que de retrouver son public.

Goldberg [All.], *Baryton* de mérite, et qui en aurait davantage s'il s'abstenait de mettre des paroles italiennes ou françaises aux morceaux qu'il chante.

Grard [F.], *Basse-Taille* de l'Opéra-Comique. Voix puissante, sonore et d'une flexibilité peu commune pour son volume. Le talent de ce chanteur se prête au comique d'esprit aussi bien qu'au genre grave et sérieux. Il est très-recherché au Salon.

Graziani [F.], Excellent *Harpiste* du pays de Napoléon. Il est le mari de Mme Carobbi.

H.

D'Hennin (Mlle) [F.]. *La femme Romance.* Le hochement de tête dont elle en accompagne le débit chaleureux est un ingrédient dont elle use avec plus de fréquence et de sagacité avec le public de province. C'est ainsi qu'elle le secoue jusqu'à ce qu'il éclate.

Henry (Mme Potier) [F.], Petite voix de *Soprano* de l'Opéra-Comique. Gracieuse dans son chant comme dans sa personne.

Hallé [F.], *Pianiste* bouillant, impétueux, foudroyant. Dans l'abondance des pianistes, ceux qui auront un cachet dans leur talent éveilleront encore l'intérêt du public. M. Hallé est de ce nombre.

Hermann [F.], excellent *Violoniste*, nerveux, plein d'audace, Français en dépit de son nom germanisé.

Herz (Henri) [All.], *Grand Pianiste.* Le plus fécond des compositeurs instrumentistes. Il a le mouvement, la versatilité, la coquetterie, ces qualités qui plaisent à tous. Herz n'est peut être pas le pianiste le plus durable mais il est, sans contredit, celui qui a le plus duré.

Henry (Alexandre) [F.], jeune *Pianiste,* professeur qui s'est multiplié cet hiver en accompagnant dans beaucoup de soirées. Cette spécialité d'accompagnateur, qui demande un si grand tact, est d'autant plus méritoire qu'elle n'est qu'utile.

Holmes [It.], *Maestro* accompagnateur. Mlle Alessi nous a, plusieurs fois cet hiver, fait applaudir un air de *Jephté,* opéra de ce maestro. Napolitain en dépit de son nom anglais, il est de cette belle école de Zingarelli qui a porté tant de fruits.

Hindle [All.], *Contrebassiste* concertant. Il est très petit, il joue du plus gros des instruments d'orchestre qu'il se construit lui-même, il est première contrebasse du théâtre impérial de Vienne, et, s'il était à Londres, ne laisserait pas regretter feu Dragonetti.

I.

Inchindi [It.], *Basse-taille* qui a fait ses preuves en Espagne, en Italie. Il chante maintenant à Versailles dans *Nizza de Grenade*, ce chef-d'œuvre sorti de la manufacture Donizetti (Evangile de l'impresario).

J.

Jourdan (Mlle Pauline) [F.]. *Harpiste*. Avec son grand talent, et puisqu'elle est harpiste de la reine, il serait facile de jouer avec les mots et dire qu'elle est la reine des harpistes; mais les harpistes, non de la reine, souscriront-elles à une qualification aussi souveraine ? elles se révolteront sans doute et feront un appel au public: chacun a le sien.

Jancourt [F.], *Basson* à l'Opéra-Comique. Il tire un très beau son de son instrument, il a une très grande habileté. La musique de sa composition n'est pas à la hauteur de son jeu.

K.

Korn (Mlle) [F.], *Pianiste* d'un grand mérite et dont le talent orne les meilleurs programmes.

Kontzky (Antoine) [Pol.], *Pianiste* compositeur, l'aîné de ses frères.

Kontzky (Stanislas), *Pianiste*, élève de son frère Antoine.

Kontzky (Charles), *Violoniste.*

Kontzky (Apollinaire), *Violoniste*, élève de son frère Charles.

Intéressante pléiade d'artistes polonais, dont Antoine est l'astre le plus brillant. Si les artistes sarmates manquent de science et de profondeur, en revanche ils ont pour eux la grâce, la distinction, et ce je ne sais quoi d'aisé et de capricieux qui plaît aussi bien au savant qu'à l'ignare.

L.

Labarre (Mme) [F.]. Sa jolie figure et sa jolie voix de *Mezzo-Soprano* ont contribué à la réputation des romances de son mari. Aujourd'hui sa figure est devenue très rare et son soprano est devenu contralto.

Laty (Mme) [F.], *Contralto*. M. Alary, qui a mis la dernière main à l'instrument tant soit peu rebelle de cette dame, a su en tirer un bon parti.

Loveday (Mlle Clara) [F.], *Pianiste* et cantatrice fort distinguée. Il faut que Mlle Loveday ait la tête bien forte pour avancer toujours dans la voix du progrès à travers les prévenances élogieuses qui lui arrivent de toute part. Une autre se serait arrêtée et depuis long-temps aurait dit : Me voilà parfaite.

Lozano de Roberts (Mme) [E.], *Contralto.* Il y a peu de voix aussi saisissantes, aussi nobles, aussi sonores que celle de cette dame, que les vicissitudes politiques ont jetée dans l'arène artistique.

Lucas (Mlle Elise) [F.], intéressant talent de pianiste et de chanteuse dont les premières tentatives en public ont été marquées par le succès.

Labarre [F.], bon *Pianiste*, grand harpiste, gracieux compositeur, écrivain dans *la France Musicale*; plein de sagacité et d'esprit, il est un des artistes les plus en vogue du jour.

Lablache (Louis) [It.], première *Basse-taille* DES Italiens.

Lablache (Frédérick) [It.], première *Basse-taille* AUX Italiens.

Lac [F.], *Ténor* de salon à la voix agréable.

Lacombe [F.]. C'est un beau *Pianiste* au jeu large, précis, facile. Il prodigue la difficulté d'un air désintéressé qui ajoute à l'effet. Il a étudié la composition en Allemagne sous

Seyfried, un des plus grands didacticiens de ce pays. Depuis quelque temps, il sacrifie davantage aux grâces.

Lecerf [F.], *Clarinettiste* aux concerts Vivienne. Il joue supérieurement de son instrument, duquel il tire une très belle qualité de son.

Lecouppey (Félix) [F.], *Pianiste* fort recommandable. Il donne des soirées et des concerts qui attestent son bon goût musical.

Lecointe [F.] *Violoniste.* Quoique depuis long-temps retiré de l'art, nous lui demandons pardon de le comprendre dans cette énumération. L'art ne lui donnera pas facilement un congé définitif. Il joue de son instrument d'une manière aisée et seigneuriale qui plaît à l'œil autant qu'elle charme l'oreille.

Levassor [F], *Chanteur* aux Variétés. Qui ne connaît le diseur de chansonnettes qui fait pleurer de rire?

Levasseur [F], *Basse-taille* de l'Opéra. Ses moyens ont toujours été grands et dramatiques. *Robert-le-Diable* a été le point culminant de son talent. Son intonation n'a jamais été bien juste.

Lincelle [F.]. Une soirée reçoit une bonne conclusion si Lincelle y dit sa chansonnette.

M.

Mangui (Mlle Ida) [F.], *Chanteuse.*

Mangui (Mlle Caliste) [F.], *Pianiste*, élève de son père.

Beau et florissant couple enfantin qu'il faut mettre en première ligne de ces petits artistes qui aujourd'hui rivalisent avec les grands. La jeune Ida chante de mémoire et d'instinct les mélodies de Schubert les moins faciles. Elle ne connait pas une note.

Mainvielle-Fodor (Mme) [F.], *Soprano.* Elle porte un beau nom et tâche de son mieux de lui faire honneur.

Massimino (Mlle) [It.], *Soprano*, élève de son père. C'est une jeune et belle promesse de cantatrice pour les Italiens, où elle est engagée.

Masson (Mlle Elise) [F.], *Soprano* qui excelle dans le genre élégiaque et religieux. A elle l'interprétation de la belle et onctueuse musique de Mozart et de Schubert.

Martin (Mlle Joséphine) [F.]. Quand on nomme Mlle Masson, la transition est naturelle à Mlle Martin, pianiste d'un mérite non ordinaire. Elles ont donné un concert ensemble, et si elles ont partagé les bénéfices, elles n'ont pas partagé leur auditoire.

Martin (Mme Charles) [F.], actrice des Variétés. Au salon, elle dit la romance avec une voix touchante et un sentiment exquis.

Melotte (Mlle Félix), *Soprano* à l'Opéra-Comique. Voix puissante, exécution froide.

Morel (Mlle) [F.]. Premier prix du Conservatoire. Elle vient de faire d'assez heureux débuts à l'Opéra, dans le rôle de la *Juive*. Sa voix est encore inégale et son expression dramatique surabondante.

Moreau (Mme Nina) [F.], *Violoniste* distinguée, élève de Baillot. Accompagnateur à l'école royale de Saint-Denis.

Mortier-Defontaine (Mme) [F.], *Soprano*. Elle vient de se faire applaudir au concert qu'elle a donné avec son mari le brillant pianiste. Berlioz, l'innovateur, conduisait un puissant orchestre à ce concert.

Manera [It.], *Ténor* agréable. *Violoniste* élégant.

Mario de Candia [It.], *Ténor* à l'Opéra Italien.

Ce chanteur, d'origine aristocratique, possède une jolie voix qui n'a rien à démêler avec l'expression comique ou tragique. Il y a dans l'ensemble musical de ce chanteur un je ne sais quoi d'érotique qui s'adresse à cette partie du public par laquelle les réputations se font vite et se maintiennent long-temps. Sa prononciation italienne est distincte et irréprochable.

Massart (B.), bon *Violoniste*. Il a pris avec beaucoup de son style, la survivance de Kreützer, nous voulons dire sa veuve.

Masset, *Ténor* à l'Opéra-Comique. Son organe est à la fois fort et moëlleux. Il chante dans le genre de Duprez.

Massimino (Frédéric) [It.], professeur de chant et directeur de la musique à l'école royale de Saint-Denis. Qui ne se rappelle la vogue des cours de M. Massimino, sa belle voix de basse-taille et l'entente esthétique de son art? Il reste encore aujourd'hui un professeur aux meilleures traditions et un excellent accompagnateur.

Mecatti (It.). Bonne voix de *Basse-taille*. Il a beaucoup figuré sur les programmes de cet hiver. Les hauts patronages ne lui ont pas manqué, et s'il a déserté le service du bon Dieu, il a au moins stipulé d'excellentes conventions avec le Diable.

Mirate [It.], *Ténor* aux Italiens. Cette réjouissante floraison napolitaine possède un beau registre de poitrine et grimpe avec bonheur au plus haut fausset. Il chante bien et sans gêne. Son développement musical est fait.

Milhès [F.], *Ténor*. Il dit fort bien le genre di mezzo-carattere; il a composé un très-joli nocturne dédié à Mme Lainé. Son épouse est un bon professeur de piano.

Mocker [F.], *Ténor* zélé et intelligent de l'Opéra-Comique. Il chante fort agréablement au salon. L'épouse de ce chanteur est un accompagnateur qu'on a raison de rechercher.

Mulder (Richard) [Hol.], *Pianiste.* Accompagnateur et compositeur d'un mérite très-distingué. Il a donné dernièrement un concert qui a mis en relief son triple talent. A ce concert on a eu le bonheur d'entendre M. Delsarte, le professeur mystique, qui, entouré de ses adeptes, a initié l'auditoire à des airs de Gluck.

N.

Nau (Mlle) [F.], *de l'Académie royale.* Voix de soprano vibrante et légère; modèle de vocalisation. Le sosie de Mme Damoreau en tout.

Nissen (Mlle) [S.], *Soprano*, aux moyens de chant faciles. Cette jeune scandinave grandira sans doute, et plus encore si elle se persuade que la prodigalité des fioritures ne saurait remplacer le sentiment, surtout à la scène où elle se destine.

Norblin [F.], jeune *Violoncelliste* d'avenir.

Nigri [It.], *Baryton* d'un timbre agréable et qui plaît au salon de moitié avec sa belle figure napolitaine. Sa tournée en Ecosse et en Belgique avec Rubini et Persiani lui a fait beaucoup de bien. Il ne suffit pas d'avoir du talent, il faut encore une bonne occasion pour le mettre en évidence.

O.

Offenbach (Jacques) [All.], *Violoncelliste* de mérite et compositeur. M. Offenbach, on met en musique le sentiment et non pas la raison !

Ollere [E.], *Basse-Taille*. Il ne fait pas son état de l'art, mais puisqu'il chante quelquefois devant le grand public nous nous permettrons la publicité de son talent. C'est une belle et bonne voix de basse-taille, d'un timbre métallique comme toutes les voix de cette nerveuse Espagne ; une voix et un talent qui s'adaptent de préférence aux morceaux graves et religieux.

Osborn [F.], *Pianiste* et *Compositeur* distingué.

Malgré le mouvement d'inspiration imprimé à ses yeux, on n'attendra jamais de cette calme figure de *Clergyman* qu'un jeu net élégant et facile.

P.

Persiani (Mme) [It.], *Soprano* au Théâtre Italien.

Toutes les grâces du chant sont dans cette noble figure de cantatrice qui peut aussi parcourir toute l'échelle des passions dramatiques. Les gros effets ne sont pas de son ressort, mais ses intentions, tantôt fines, tantôt tragiques, ne sauraient échapper à un œil exercé et non vulgaire.

Picnot (Mlle) (F.), *Contralto*. Entre presque bien et bien il y a un abîme, disait Crescentini. Les hauts et puissants soutiens ne gâtent rien sans doute... Je me trompe, ils gâtent quelque peu de la juste méfiance qu'on devrait toujours entretenir de ses propres forces. Mlle Picnot possède un bel organe.

Polmartin (Mme) (F.), Éminent *Pianiste* et professeur de son instrument. Elle a de l'élévation, de l'énergie. Elle s'est principalement appliquée à l'interprétation des œuvres de Beethoven.

Paltoni (It.), *Basse-taille*, excellente spécialité bouffe. Son débit a de la franchise et du pittoresque. Il a fait cet hiver galopper de salon en salon le Postillon de Balfe, qui arrivait toujours à temps. Il est le mari de Mme Cori-Paltoni, le soprano que l'Italie a long-temps applaudi.

Planque (F.), *Basse-taille*, premier prix du Conservatoire. Voilà une existence d'artiste bien régulière. La nature a prédisposé son talent, le Conservatoire l'a fécondé, les salons l'ont constaté, et l'Académie Royale l'applaudira.

Pollet (F.), ses multiples talents d'accompagnateur de professeur, de compositeur, encadrent et ornementent son grand talent de *Harpiste*. Le vieil adage : qui trop embrasse mal étreint, est réfuté par les fortes constitutions comme la sienne.

Ponchard [F.]. A qui dira-t-on quelque chose de nouveau sur Ponchard, le goût personnifié ? On peut lui appliquer le mot de feu M. de Lantier : *Il n'y a que les sots qui vieillissent.*

Pons (de) (F.), bonne voix de *Basso-cantante* qui a fait pendant plusieurs années ses preuves en Italie.

Porto (It.). *Basso-cantante*, frère de la Basse-taille qui achève une si belle carrière en Italie. M. Porto, celui qui est en France, a dans son chant toutes les qualités de son homonyme de Portugal. Il est fort, savoureux, coloré.

Poultier [F.] Le *Ténor* tonnelier à l'Académie Royale. Paris veut absolument faire éclore ce chanteur, et il lui donne du loisir et de l'argent. Rien de mieux pour ce qui regarde la perfection de l'organe; mais pour le douer du talent dramatique mieux vaudrait qu'il le fit pétrir et repétrir par la rude main de l'adversité.

Puig Flavio [Esp.], *Ténor* à l'Opéra-Comique. Quand on voit M. Puig dans la rue on ne peut s'empêcher de penser aux portraits de Velasquez et de Zuraban. C'est bien là l'ampleur boursouflée de *l'Hydalgo des Castilles.* Après quoi on est tout étonné de trouver un ténor au jeu embarrassé, à la voix tendre et amoureuse, au lieu d'un pourfendeur à la bonne et vieille lame de Tolède.

Prudent (Émile) [F.] Jeune *Pianiste* sur qui le public des concerts a porté ses suffrages cet hiver, et qui vient d'obtenir une belle confirmation de son talent en faisant partie de ceux de Thalberg.

R.

Rebours (Mlle) [F], *Harpiste* à qui il ne faudra qu'un peu moins de modestie pour faire beaucoup parler d'elle. C'est un talent de première force aussi bien sur la Harpe que sur le Piano.

Revilly (Mlle de) [F.], voix de *Soprano*, d'un timbre charmant, prononciation très pure

Roissy (Mlle de) zz.z, *Soprano* de l'Opéra, qui a eu des brillants débuts et qui fait beaucoup de plaisir au salon.

Rossi Caccia (Mme), *Soprano* à l'Opéra-Comique. La fraîcheur de la rose, la gracieuseté du lilas et la senteur de la violette, voilà le bouquet du chant de Mme Rossi. Sa vocalisation est perlée, suave, parfaite. Son débit frise un tant soit peu la mignardise.

Ruggiero (Mme) [Esp.], *Contralto*. Épouse de la basse-taille comique. Le bonhomme

Richard a dit : *si tu cours après le superflu, tu manqueras du nécessaire ;* le nécessaire en musique , c'est l'intonation et la mesure.

Ravina [F.]. Le jeu de ce jeune *Pianiste* est puissant, scintillant, instantané, empreint de verve et d'inspiration.

Raguenot [F.], *Ténor* qui vient de débuter à l'Académie Royale. Il a de beaux moyens de chant et une exécution qui atteste des études patientes et bien dirigées

Remusat [F.], *Flûtiste* à l'Opéra-Comique. Il a un jeu pur, une grande habileté. C'est la continuation de Tulou. Il n'a pas adopté la flûte de Boëhm.

Rignault (l'ainé) [F.], *Violoncelliste.*

Rignault (cadet) [F.], *Violoniste.* Ces deux frères passent dans le monde musical pour les meilleurs accompagnateurs de musique classique de salon.

Roger [F.], *Ténor* à l'Opéra-Comique. Oh ! la belle tête de Lindor. Oh ! la jolie voix pour séduire un nombre indéfini de Rosines!

Ruggiero [It.],bon *Bouffe* d'un comique exilarant.

Ronzi (Ant.) [It.], *Ténor, Accompagnateur, Compositeur.* Ténor, à Paris il a été entouré de mystère; accompagnateur, il a été très-recherché et très-piquant; compositeur, il il s'est avantageusement montré en raccourci; engagé au Théâtre-Italien il s'y est fait remarquer par son absence. M. Ronzi est un très-habile artiste et un parfait gentilhomme.

Ronzi (Stanislas) [It.], frère d'Antoine. *Violoniste* de beaucoup de mérite. Il se sert avec goût d'une petite voix de ténor.

Rondonneau (Jules) [F.]. Il chante avec grace et facilité, surtout les romances de sa femme Élise.

Russo (Michelangelo) [It.]. Petit grand prodige. *Pianiste* dont Moscheles disait: *Il joue aussi bien que moi.* L'admiration qu'on éprouve pour cet enfant sublime, se complique d'une surprise que la difficulté surmontée ne saurait causer toute seule. Il sait rendre les nuances mélodiques les plus délicates, et nul effort ne trahit son émotion lorsqu'il en accable son auditoire.

S.

Stoltz (Mme) [F.], de l'Académie Royale. Un *Mezzo Soprano* qui a de l'éclat, du mordant, mais qui, malheureusement, n'est pas toujours juste. Mme Stoltz est journalière comme les jolies femmes.

Sabatier (Mme) [F.], *Soprano.*

Finesse, grâce, candeur, elle a tout pour elle. C'est une de ces voix que les Italiens appellent sympathiques. Sa modestie ne lui avait pas révélé toutes ses forces. Le public lui en appris le secret par ses applaudissements.

Smith [It.], assez bon *Contralto*, qui s'est avantageusement fait entendre dans plusieurs concerts.

Schad [All.], *Pianiste.*

Il faudrait aux tendres épanchements de cet artiste un instrument plus mélodique que le piano. Dans sa composition intitulée les

Deux-Ames, il n'a certes pas ménagé sienne.

Seligmann [F.], *Violoncelliste.*

Il a un beau son et un beau style; ses compositions pèchent par diffusion, et l'art est concrétion.

Sowinsky [Pol.], *Pianiste* élégant; il a une exécution facile et brillante. Cette part est déjà bien belle, et parce qu'on est grand pianiste est on bien tenu, en conscience, à se faire compositeur?

Stoëpel (All.), *Pianiste.* Il commandait à son dernier concert une division de vingt pianos, et, parole d'honneur, il a exécuté de belles manœuvres.

T.

Thillon (An.), *Soprano* à l'Opéra-Comique. Cette jeune cantatrice britannique a dans sa jolie figure des lignes si délicates et si gracieuses qu'on dirait une héroïne de Byron à l'aquarelle anglaise. Son chant, sa vocalisation surtout font aussi penser à l'aquarelle, mais une jolie aquarelle ne vaut-elle pas quelquefois le grand tableau à l'huile? Qu'en pense le plus spirituel des compositeurs français?

Tadolini (It.), *Maëstro al cembalo* à l'Opéra-Italien. Bon accompagnateur, compositeur incolore.

Tamburini (It.). Le *Baryton* le plus ténorisant qui ait jamais paru aux Italiens. Il ornemente le chant avec luxe et prodigalité. Sous le rapport de la déclamation comique ou tragique, Tamburini n'a jamais contenté que le plus grand nombre, le moins difficile.

Tagliafico (F.), *Baryton* d'origine italienne. Il a figuré cet hiver sur plusieurs programmes et avec la meilleure compagnie. Il y a des basse-taille pleureuses, des basse-taille qui se fâchent, des basse-taille caverneuses et des basse-taille qui chantent. Le chant est joie et grâce, plutôt que tristesse et force.

Thalberg (All.), Le jeu de ce grand *Pianiste*, est large-chantant, aussi chantant que le piano peut l'être. Il est le premier qui ait fait entendre trois ou quatre parties réelles sur le piano, chacune de ces parties étant déjà une grande difficulté par elle même. Ainsi il fait entendre le chant dans le médium, de plus un trille très-long dans le haut, la basse, et enfin un arpeggio qui relie pour ainsi dire les différentes parties et ornemente le tout. Ce procédé est plûtôt du calcul que de l'inspiration, et tombe déjà dans le domaine public. Les grands pianistes tels que Mozart et Beethoven n'ont point cherché des difficultés systématiques. Si Thalberg a pris à tâche de prouver toutes les ressources du piano, s'il a voulu toucher aux dernières limites du possible avec cet instrument si controversé, il a parfaitement atteint son but. Il peut dire comme Regnard au Spitzberg : *Stetimus hic tandem nobis ubi defuit orbem.*

Thys (F.), Comme *Compositeur*, sa place est marquée à l'Opéra-Comique, comme *Chanteur*, de salon il prend un auditoire indifférent ou fatigué, et le promène à son insu à travers le charme du naturel.

Tilmant (F.), *Violoniste*, digne successeur de Lafont à l'Opéra Italien. Bon soliste, meilleur quartettiste.

Tingry (B.) *Violoniste.* Il me semble que le critique supérieur, que l'amateur zélé se donneraient une bien belle mission, si, au lieu de saturer d'éloges des talents qui se soutiennent par leur propre poids, ils s'appliquaient à frayer au mérite modeste le passage à la grande publicité. En outrepassant le ridicule qu'on se plaît aujourd'hui à déverser sur les inconnus et les incompris, on trouve bien des talents réels usés dans des luttes inégales et stériles, succombés, faute d'un bras vigoureux qui les soutînt. En vérité, le talent percé quand il peut percer.

Ces réflexions nous sont suggérées par M. Tingry, jeune violoniste belge, l'ami et le collègue de Vieuxtemps, élève comme lui de ce M. Lecloux de Verviers, qu'on peut nommer le Baillot de la Belgique, par M. Tingry, violoniste concertant à qui, pour arriver, il ne manquerait qu'une voix généreuse qui, s'adressant au public indifférent, lui dit : Ecoutez, cela en vaut la peine !

Trubert aîné (F.), *Hautbois* aux concerts Vivienne. Il est très fort sur son instrument. C'est un beau soliste.

Trinquart (F.). Le moyen qu'un pareil nom ne s'applique à quelque joyeuse progéniture des Panards et des Désaugiers.

U.

Uccelli (Mlle) (It.), *Mezzo-soprano*, élève de sa mère, compositeur. Les oiseaux sont musiciens de leur nature, mais peu leur importe s'ils ont ou non un auditoire. Mme Uccelli (latine : aves) en cherche au contraire pour ses compositions, en cherche pour le chant de sa fille, et à son dernier concert c'était justement l'auditoire qui manquait. Qu'elle s'en console en pensant aux oiseaux.

V.

Vartel (Mme) (F.). Bon pianiste et quelque peu compositeur.

Veny (Mlle) (F.), fille de l'hautboiste. Pianiste dont le talent n'attend pas le nombre des années.

Videmann (Mlle) (F.), *Contralto* à l'Opéra Elle a une belle voix et phrase largement.

Viganò-Nina (It.), fille du célèbre chorégraphe italien, *Soprano*. Je tremble déjà pour cette piquante cantatrice au chant si incisif à l'extérieur si coquet. Oh ! l'inexorable vieillard ne devrait jamais faire minauderie de ce qui était grâce, inquiétude de ce qui était vivacité.

Villaumi (Mlle) (F.), *Soprano* de l'Opéra-Italien. Une petite, petite perle, mais enfin une perle.

Voizel (Mlle) (F.), Voix difficile dont elle se sert avec beaucoup d'adresse. On la dit bon professeur.

Vartel (F.), *Ténor* de l'Opéra. Aux concerts, aux salons, il s'est incarné les mélodies de Schubert et de Beethoven, et s'ils pouvaient soulever la pierre qui les couvre, ces compositeurs ne voudraient pas d'autre interprète.

Verroust (F.), *Hautbois* de l'Opéra. Le premier de son instrument.

Viereck (All.) l'aîné, *Violoniste*, bon quartettiste.

Viereck (All.) le cadet, *Violoncelliste* destiné à grandir.

Vidal (F.), Ancien chef d'orchestre aux Bouffes. Concertiste, professeur de la vieille école, c'est-à-dire de la bonne.

Vogt (All.), *Hauboiste.* C'est un homme d'un talent supérieur sur son instrument. Sa musique a du mérite, quoique d'une facture un peu vieillotte.

Wolff (All.), *Pianiste* et *Compositeur* d'un grand mérite.

Relevé statistique des Concertans.

		Al	An.	Bel	Es	Fr	Hol	It.	Ir.	Pol	Su
Soprani.	36	1	1	»	1	24	»	8	»	»	1
Contralti........	13	»	1	»	4	4	»	4	»	»	»
Chantes de rom..	6	»	»	»	»	6	»	»	»	»	»
Chantrs de rom..	14	»	»	»	»	14	»	»	»	»	»
Ténors.	16	»	»	»	1	12	»	3	»	»	»
Barytons.	6	1	»	»	»	3	»	1	1	»	»
Basse-tailles.. ..	17	»	»	»	1	6	»	10	»	»	»
Pianistes femmes	13	»	»	»	1	12	»	»	»	»	»
Pianistes homm.	20	6	»	1	»	6	1	1	1	4	»
Accompagnat.. .	11	»	»	»	»	4	»	7	»	»	»
Violon. femmes.	1	»	»	»	»	1	»	»	»	»	»
Violon. hommes.	18	1	»	3	»	11	1	1	»	2	»
Violoncelles ...	10	3	»	2	»	4	1	»	»	»	»
Basses	1	1	»	»	»	»	»	»	»	»	»
Harpistes femm..	3	»	»	»	»	3	»	»	»	»	»
Harpistes homm.	3	»	»	»	»	2	»	1	»	»	»
Flûtes	4	1	»	»	»	3	»	»	»	»	»
Hautbois.....	3	1	»	»	»	2	»	»	»	»	»
Cor.	1	»	»	»	»	1	»	»	»	»	»
Basson......	1	»	»	»	»	1	»	»	»	»	»
Clarinettes....	2	»	»	»	»	1	»	1	»	»	»
Guitare......	1	»	»	»	»	1	»	»	»	»	»
TOTAL. ..	200	15	2	6	8	121	2	37	2	6	1

D'après cette tablette synoptique, il résulte que le plus fort contingent apporté à cette armée musicale de Paris, appartient naturellement à la France.

On y trouve des instrumentistes et des vocalistes en portion égale, ce qui prouve la disposition éclettique de la nation. Vient ensuite l'Italie dont le chiffre se compose de chanteurs et d'accompagnateurs. Après l'Italie, c'est l'Allemagne avec ses nombreux instrumentistes et ses chanteurs clairsemés. Après l'Allemagne, l'Espagne, qui sur huit musiciens fournit un instrumentiste qu'on peut appeler une rareté n'étant pas guitariste. La Pologne fournit encore à la France son contingent d'art, comme autrefois son contingent de guerre; seulement, elle ne chante pas. La Belgique, cette pépinière d'instrumentistes, ne fournit pas un seul chanteur. La Hollande, comme par hasard, envoie deux instrumentistes; l'Angleterre y compris l'Irlande, trois chanteurs et un pianiste; la Suède, une cantatrice; le Danemarck, la Russie, la Hongrie, l'Écosse, la Suisse et le Portugal, n'ont pas été représentés au Congrès musical Parisien de cette année.

Que, si nous nous livrons à une inspection ndiscrète des principaux salons de Paris, nous trouvons dans le bataillon des dilettanti, abstraction faite de la qualité, une prépondérance relative du côté de l'Espagne.

Mme la comtesse M...in le premier soprano de Paris, au chant grandiose, et dramatique est Espagnole.

Mme de Mon.....o, un beau mezzo soprano qui est, dit-on, sur le point de passer aux rangs des artistes, est Espagnole.

Mlle de Na...ro, dont l'éclatant soprano est si connu dans le beau monde musical, est Espagnole.

M. Or...a, qui trouve les poisons avec sa main et les antidotes avec son gosier, est Espagnol.

Du reste,

Mme Du...n, Française, est considérée comme le meilleur contralto parmi les dilettanti.

Mme de Sp..e, (F.), Comme le soprano le plus complet et le plus souple.

Mme And...e (F.), Comme la première chanteuse de romances.

M. de Su....y, (F.), Comme le plus beau baryton.

M. le Prince B.....o, Italien, depuis plusieurs années comme le meilleur ténor.

La saison des soirées commence à janvier, et finit au commencement de mai.

Les concerts commencent ordinairement au 15 février et finissent au 15 mai. Dans cet intervalle de trois mois, il se donne à Paris, terme moyen, trois cents concerts affichés, dont droit est prélevé pour les pauvres, environ trois concerts par jour. La France est la seule monarchie dont la munificence royale soit systématique à l'égard des concertans, quelque parcimonieuse qu'elle puisse paraître aujourd'hui.

Cet exemple royal, on doit se permettre cette unique indiscrétion, est de bien près suivi par l'épouse d'un autre roi de la rue Laffitte, la noble et bienfaisante baronne de Rotschild.

Dans les rapports que les artistes entretiennent avec les étrangers de distinction, et les hautes classes des Français, ils peuvent avoir occasion d'observer que, généralement parlant, l'aristocratie russe accable de faveurs quelque artiste en renom et se montre dure et sans procédés pour le reste. L'aristocratie anglaise ne juge que de seconde main, mais protége efficacement tout artiste porteur d'une bonne recommandation. Les seigneurs espagnols et italiens, s'intéressent à l'artiste au-delà de leurs forces, ils en admettent un trop grand nombre à leur intimité, et sont obligés de trop fractionner leur protection. Les riches polonais sentent la dignité de l'art et entourent l'artiste de procédés délicats. Nul ne sait mieux s'y prendre que le Français pour rehausser une faveur, tempérer un refus, et sauver les amours-propres. L'homme avant l'artiste.

C'est à Paris, qu'on trouve la critique la plus complète de l'art musical, à Paris où se trouve aussi le public qui a eu depuis trente ans les meilleures occasions d'entendre et de comparer. La direction de la critique musicale est, à Paris, entreprise par quatre journaux spéciaux. Ce sont : *la France musicale*, *la Gazette musicale*, *le Monde musical*, et *le Ménestrel*. D'après les intérêts artistiques que ces journaux défendent, on peut les résumer par les mots *France*, *Allemagne*, *Italie* et *Paris*.

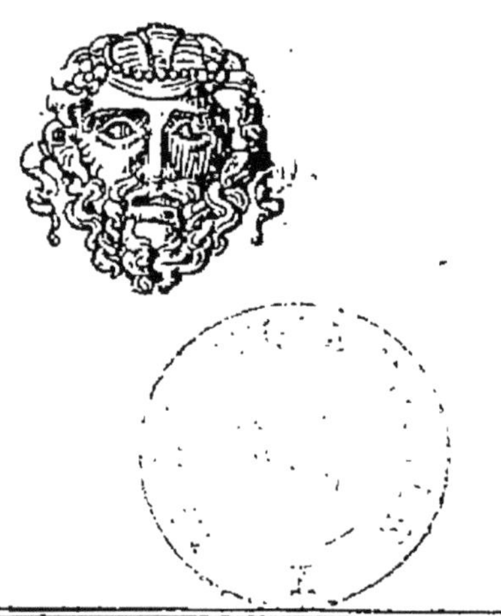

Imprimerie de VASSAL frères, rue Saint-Denis, 358.

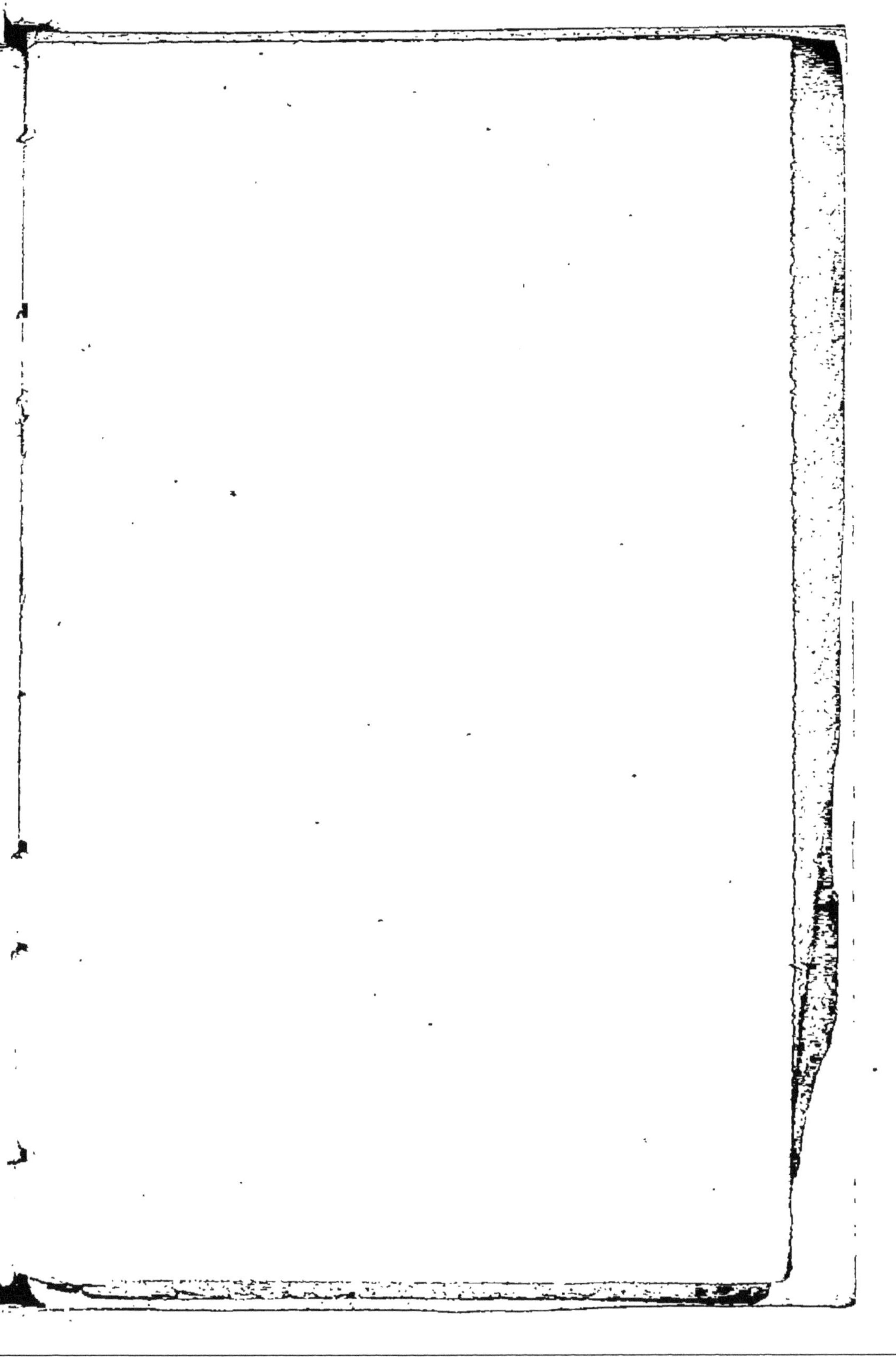

www.ingramcontent.com/pod-product-compliance
Ingram Content Group UK Ltd.
Pitfield, Milton Keynes, MK11 3LW, UK
UKHW012256240726
13966UKWH00004B/1445